El fútbol americano

Como un profesional

Karen Durrie

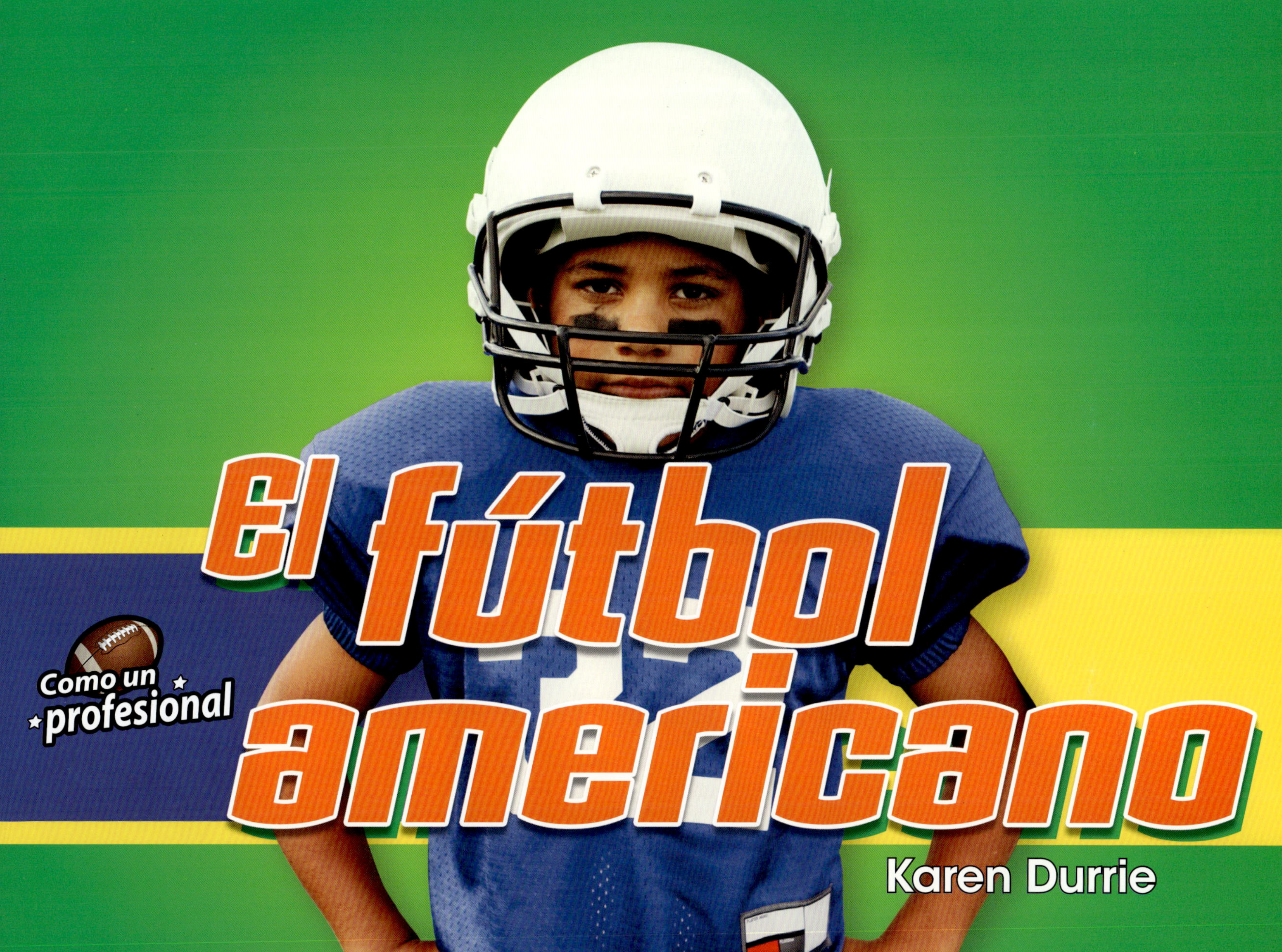

AV2 SPANISH

www.av2books.com

Step 1
Go to **www.av2books.com**

Step 2
Enter this unique code
AVZ98373

Step 3
Explore your interactive eBook!

AV2 Spanish is optimized for use on any device

Media Enhanced Book
Every hardcover Spanish title comes with two free eBooks for a complete bilingual experience

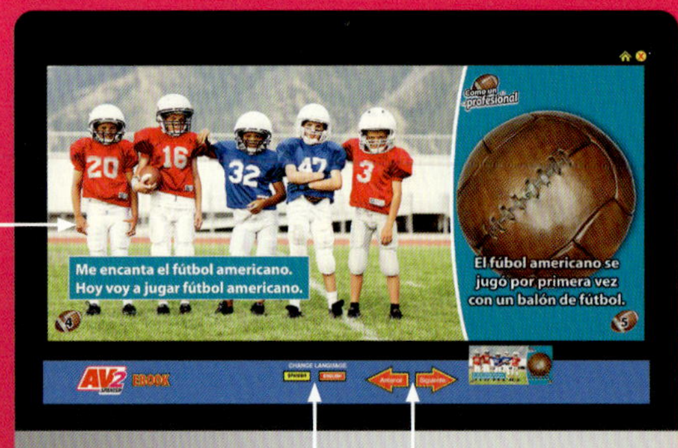

AV2 Page Controls
An intuitive design allows users to go back and forth through the pages in their selected language

Language Toggle
Users can toggle between Spanish and English to learn the vocabulary of both languages

View new titles and product videos at www.av2books.com

El fútbol americano

Contenidos

Me encanta el fútbol americano.
Hoy voy a jugar fútbol americano.

El fútbol americano se jugó por primera vez con un balón de fútbol.

Me visto para jugar fútbol americano. Me pongo las protecciones y mi camiseta blanca.

Uso protecciones y casco para no lastimarme.

Tengo un balón de fútbol americano. Es marrón y ovalado. Tiene cordones.

Los cordones me ayudan a agarrar el balón. Necesito tener un buen agarre para lanzarlo.

Me encuentro con mis amigos en el campo de juego. Somos un equipo.

Como un profesional

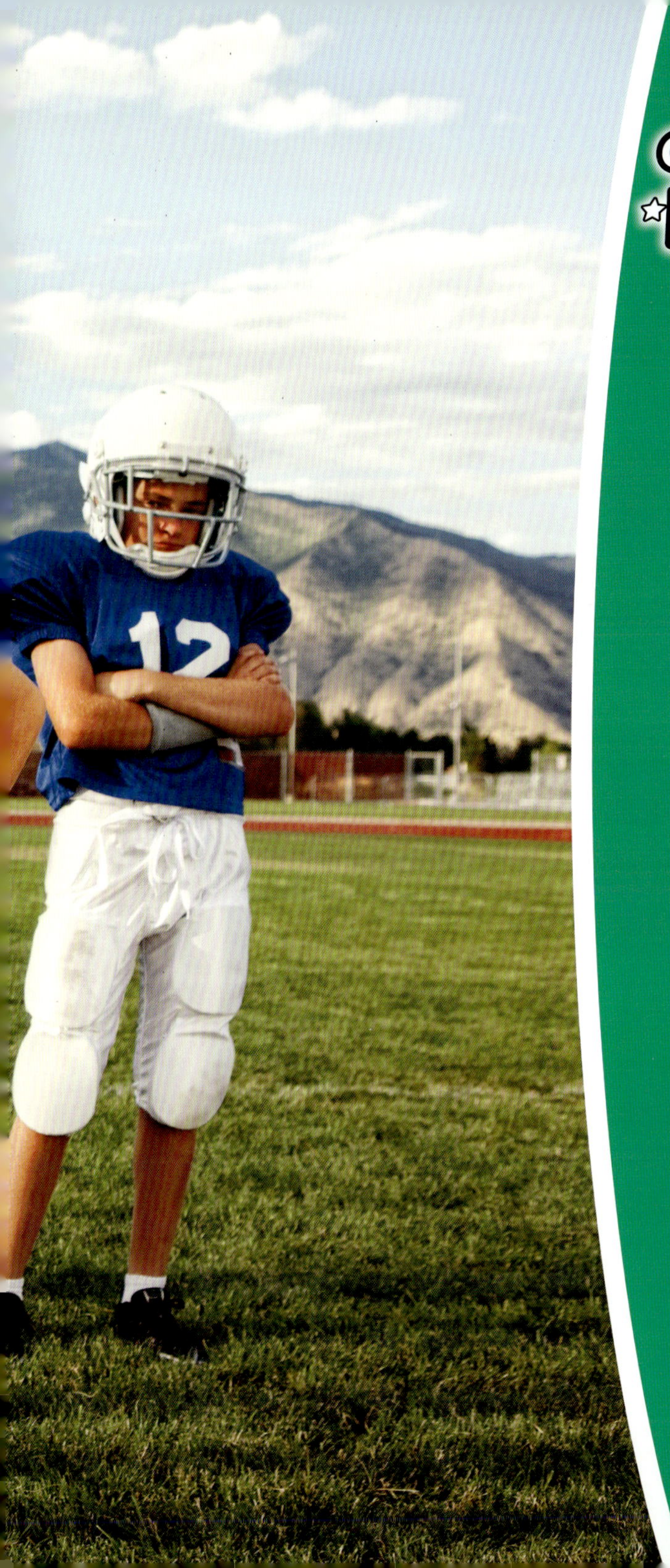

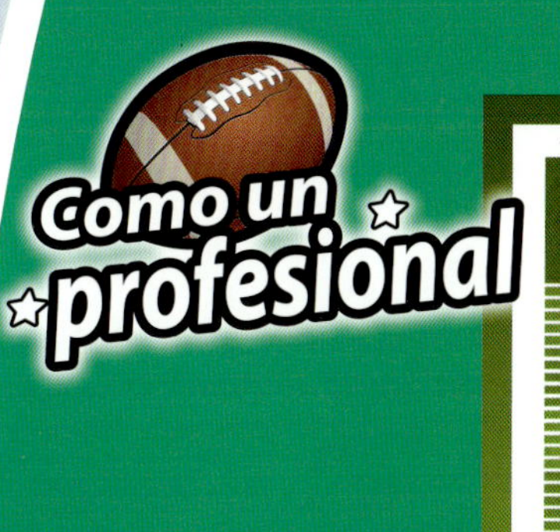

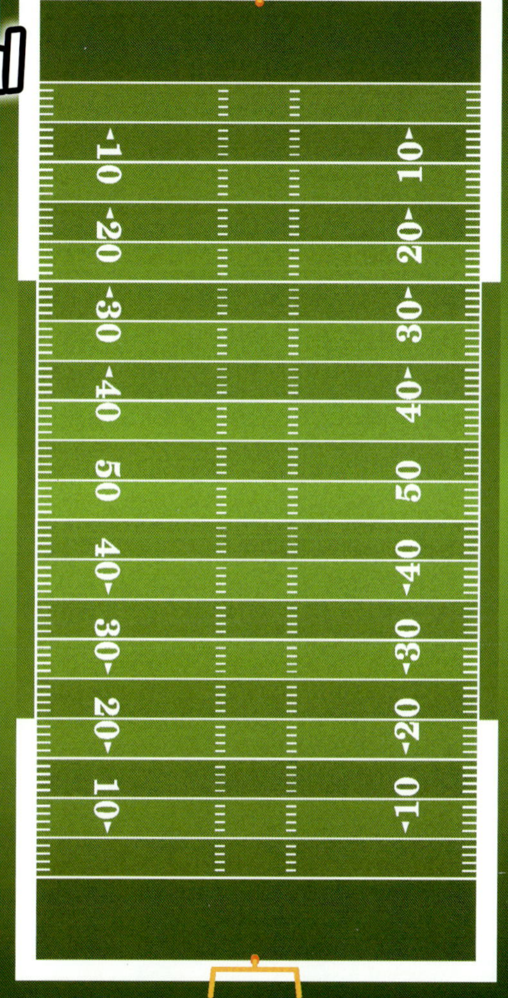

Los campos de fútbol americano son más largos que las ballenas azules.

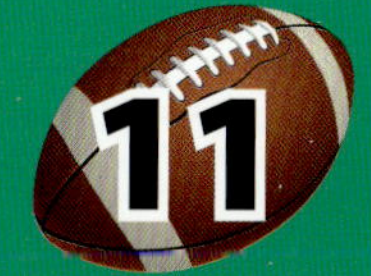

Antes del partido, corremos con mi equipo y jugamos a pasarnos el balón.

Como un profesional

Caliento mis músculos antes de jugar.

Formamos un círculo con mi equipo y hacemos un plan para el partido.

Los jugadores tienen diferentes tareas dentro del campo de juego.

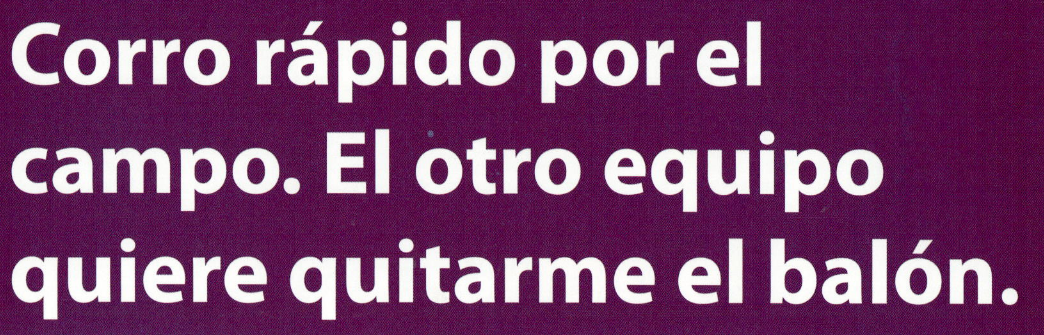

Corro rápido por el campo. El otro equipo quiere quitarme el balón.

El otro equipo nos taclea y bloquea el balón.

Llevo el balón hasta el final del campo y anoto un tanto.

Algunos jugadores saltan de alegría después de anotar un tanto.

8
17
42

Me encanta el fútbol americano.

DATOS SOBRE EL FÚTBOL AMERICANO

Esta página contiene más detalles sobre los interesantes datos de este libro. Simplemente, fíjate en el número de página al que corresponde el dato.

Páginas 4–5

Preparándome El fútbol americano tiene más de 100 años. Proviene de un deporte inglés llamado rugby. El rugby se jugaba en las universidades estadounidenses a mediados del 1800, cuando los jugadores hicieron algunos cambios importantes. Usaron un balón ovalado y anotaron los tantos de manera diferente. Llamaron a este nuevo deporte fútbol americano.

Páginas 6–7

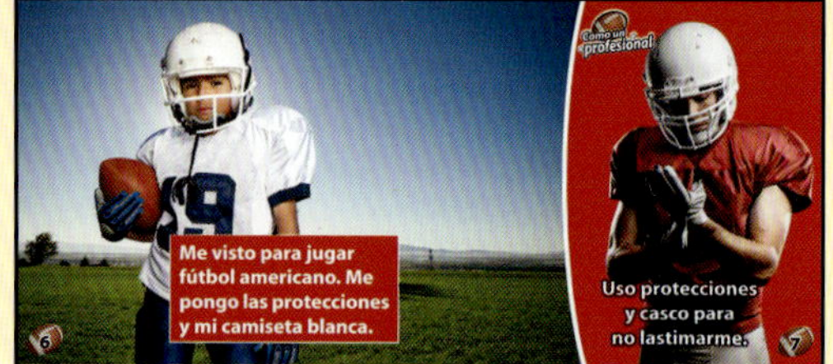

Qué me pongo El fútbol americano es un deporte de contacto que puede ponerse rudo. Por eso, los jugadores usan protecciones en las costillas, brazos, hombros y piernas. Usan una protección bucal y cascos con una reja de alambre en el frente. También usan botines de fútbol americano.

Páginas 8–9

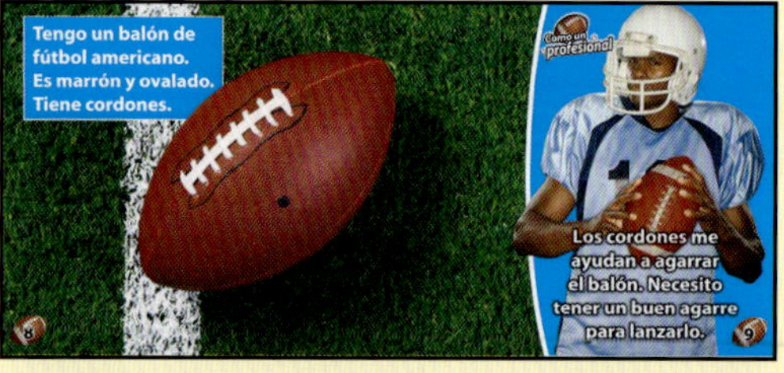

Qué uso Para aprender a arrojar el balón se necesita mucha práctica. Los jugadores aprenden cómo agarrar bien el balón y cómo hacer buenos pases, incluido el pase en espiral, donde el balón gira mientras vuela.

Páginas 10–11

Dónde juego Los campos de fútbol americano tienen líneas que marcan los límites y la distancia recorrida por los jugadores. Un equipo debe mover el balón por el campo para tener más chances de anotar un tanto.

Páginas 12–13

El calentamiento Los músculos fríos están rígidos y, si se los tuerce y gira de repente, pueden lesionarse. Calentar y estirar los músculos antes de jugar fútbol americano puede reducir el riesgo de sufrir una lesión. Los músculos calientes también producen energía más rápido. Esto ayuda a los jugadores a correr a mayor velocidad y a jugar con más precisión y destreza.

Páginas 14–15

Listo para jugar Un *huddle* es un círculo cerrado que forma el equipo en el campo antes del comienzo del partido. Durante el *huddle*, el mariscal de campo arma las jugadas y se asegura de que todos los jugadores del equipo las entiendan.

Páginas 16–17

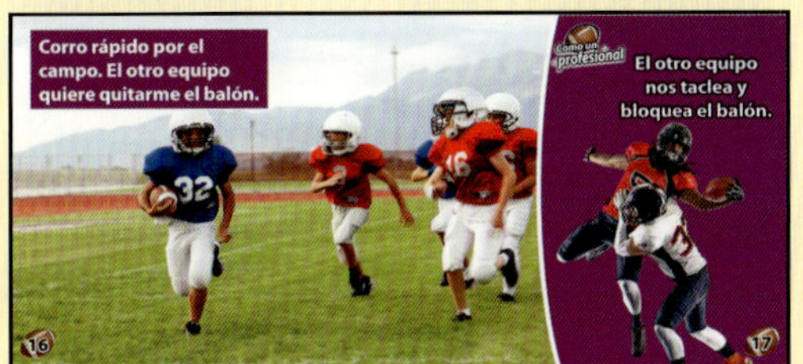

Cómo se juega Las ligas de fútbol americano con tacleo comienzan a los 5 años. Los jugadores aprenden a no golpear con la cabeza cuando taclean y se les enseña cómo bloquear y taclear correctamente. Hay un tipo de fútbol americano donde no se permite taclear. En el fútbol bandera, los jugadores usan cinturones con banderas pegadas con velcro. Arrancarle la bandera a un jugador es lo mismo que taclearlo en el fútbol americano de contacto.

Páginas 18–19

Quién gana El principal objetivo en el fútbol americano es anotar tantos. Un tanto se anota cuando un jugador corre por el campo de juego hasta la zona final con el balón. Otra forma de anotar es pateando el balón por encima de los postes del arco.

Páginas 20–21

Me encanta el fútbol americano Si se gana el partido, es el equipo el que gana y no los jugadores que anotaron tantos. Alentar a tu equipo, así como felicitar o saludar al equipo contrario al final del juego, es parte de las buenas costumbres deportivas.

Step 1
Go to **www.av2books.com**

Step 2
Enter this unique code
AVZ98373

Step 3
Explore your interactive eBook!

AV2 Spanish is optimized for use on any device

Published by AV2
14 Penn Plaza, 9th floor, New York, NY 10122
Website: www.av2books.com

Library of Congress Control Number: 2020938986

ISBN 978-1-7911-2903-3 (hardcover)
ISBN 978-1-7911-2905-7 (multi-user eBook)

052020
101719

Printed in Guangzhou, China
1 2 3 4 5 6 7 8 9 0 24 23 22 21 20

Spanish Project Coordinator: Sara Cucini Spanish Editor: Translation Services USA LLC
English Project Coordinator: John Willis Designer: Ana María Vidal

Every reasonable effort has been made to trace ownership and to obtain permission to reprint copyright material. The publisher would be pleased to have any errors or omissions brought to its attention so that they may be corrected in subsequent printings.

The publisher acknowledges Alamy, Getty Images, iStock, and Shutterstock as its primary image suppliers for this title.

View new titles and product videos at www.av2books.com